Créations en MOSAÏQUE

Irène Lassus
Marie-Anne Voituriez

Photographies : Cactus Studio

Dessain et Tolra

Conseils de sécurité

Nous vous conseillons de porter
• des lunettes de protection et des gants de caoutchouc pour tailler les pâtes de verre, les carreaux de faïence, les fragments d'assiettes ou de miroir ;
• des gants de caoutchouc fins pour préparer et appliquer le joint ou le ciment-colle et pour manipuler l'acide chlorhydrique.

Remerciements

L'éditeur et les auteurs remercient pour les carreaux de mosaïque :
GRAPHIGRO : B. P. 728, 77467 Lagny-sur-Marne
ROUGIÉ & PLÉ : 13-15, boulevard des Filles-du-Calvaire, 75003 Paris

L'éditeur remercie les magasins suivants pour le prêt des accessoires :
MISE EN DEMEURE : 27, rue du Cherche-Midi, 75006 Paris
L'ALTERNATIVE (meubles peints) : 3, rue Rosa-Bonheur, 75015 Paris
PIÈCES UNIQUES (atelier de patine) : 10, rue Bouchut, 75015 Paris
CASA : 92, rue Saint-Lazare, 75009 Paris
GLOBE-TROTTER : 5, rue Médicis, 75006 Paris
PRIM'STYLE - COMPTOIR DES FAMILLES : 37, passage Jouffroy, 75009 Paris
LE BEAUPRÉ (bar-brasserie) : 38 bis, avenue de Suffren, 75015 Paris

MISE EN PAGE ET COUVERTURE : Agnès Frégé, Caroline Hartley, Line Courtois
PHOTOGRAPHIES : Cactus Studio
STYLISME : Catherine d'Avella
ÉDITION : Olivia Barbet-Massin et Corinne Booth
DIRECTION ÉDITORIALE : Catherine Franck
RELECTURE : Régine Turmeau
COORDINATION TECHNIQUE : Christelle Leplard
PHOTOGRAVURE : Nord Compo

Dépôt légal : septembre 1998
ISBN : 2-04-021824-6

Impression et reliure : Pollina S.A., 85400 Luçon - n° 74971

Sommaire

LA MÉTHODE DIRECTE

Porte-savon à motif de poisson . . . . *page* 8

Pot de fleurs en verre dépoli . . . . *page* 10

Pied de lampe en miroir . . . . *page* 12

Miroir multicolore . . . . *page* 14

LE JOINT COLORÉ

Assiette incrustée de billes . . . . *page* 18

Photophores . . . . *page* 20

Boîte à bijoux . . . . *page* 22

Étagère fleurie . . . . *page* 24

LA MÉTHODE INDIRECTE

Vase méditerranéen . . . . *page* 28

Dessous de plat à motif de citron . . . . *page* 30

Plateau géométrique . . . . *page* 32

Frise décorative . . . . *page* 34

LA MÉTHODE AU FILET

Cadre à photo . . . . *page* 38

Décor mural à la romaine . . . . *page* 40

Jardinière « feuilles de lierre » . . . . *page* 42

Dessus de table aux papillons . . . . *page* 44

LA MÉTHODE DIRECTE

PORTE-SAVON À MOTIF DE POISSON

Matériel :

- *petite coupe en porcelaine blanche*
- *papier calque*
- *crayon HB*
- *papier kraft*
- *paire de ciseaux*
- *crayon pastel gras*
- *pince à tailler*
- *pâtes de verre blanches et bleues*
- *colle polyvalente*
- *joint blanc*
- *spatule*
- *chiffon doux*

Ce porte-savon est réalisé selon la méthode directe. C'est la méthode la plus simple, utilisée pour des objets de petite taille comme celui-ci et les trois objets suivants.

1 Commencez par préparer le motif du décor. Décalquez le poisson qui se trouve page 46 puis reportez-le sur le papier kraft. Découpez-le. Placez le motif du poisson au fond de la coupe et tracez-en le contour avec un pastel gras. Avec le même pastel, tracez ensuite sur les bords intérieurs de la coupe, une ligne ondulée fermée figurant une vague.

1

2

3

2 Poursuivez en prédécoupant une quantité suffisante de pâtes de verre bleues et blanches pour garnir l'intérieur et les rebords de la coupe. Avec la pince, taillez d'un coup sec les pâtes de verre en petits carrés, rectangles et triangles.

3 Vous pouvez maintenant composer la mosaïque. Trempez chaque morceau dans la colle polyvalente avant de le mettre en place dans la coupe suivant le motif. Commencez par le poisson, la vague et la bordure bleus. Remplissez ensuite le reste de la coupe de petits carrés blancs. Laissez sécher 12 heures.

4 Il ne vous reste plus qu'à réaliser le joint. Préparez environ un demi-bol de joint en suivant le mode d'emploi indiqué sur l'emballage. Étalez-le avec la spatule sur toute la surface de la mosaïque. Avec le doigt, faites-le bien pénétrer dans tous les interstices. Laissez sécher 20 minutes puis enlevez l'excédent avec un chiffon doux et humide. Pour finir, laissez sécher 12 heures. Enfin polissez avec un chiffon doux et sec.

4

Pot de fleurs en verre dépoli

Matériel :

- *pot de fleurs en terre*
- *règle*
- *crayon pastel gras*
- *petits cailloux plats*
- *morceaux de verre dépoli*
- *spatule*
- *colle polyvalente*
- *joint blanc*
- *chiffon doux*

1 Commencez par tracer sur le pot les repères du décor : avec un mètre de couturière, mesurez la circonférence supérieure du pot. Divisez-la en quatre parties égales. Divisez également en quatre parties égales la circonférence inférieure du pot. Vous devez intercaler les points de repère du haut et du bas. À partir de ces points de repère, tracez à la règle avec un pastel gras une série de triangles autour du pot.

2 Vous allez pouvoir coller les cailloux et les morceaux de verre choisis. Auparavant, répartissez-les à plat sur la table par camaïeux de couleurs. Avec la spatule, étalez la colle polyvalente sur le pot en recouvrant un triangle à la fois. Placez les cailloux ou les morceaux de verre au fur et à mesure sur chaque triangle. Terminez par la bordure du pot. Laissez sécher 12 heures.

3 Il ne vous reste plus qu'à réaliser le joint. Préparez environ un demi-bol de joint en suivant le mode d'emploi indiqué sur l'emballage. Étalez-le avec la spatule sur toute la surface du pot. Avec le doigt, faites-le bien pénétrer dans tous les interstices. Laissez sécher 20 minutes puis enlevez l'excédent avec un chiffon doux et humide.

PIED DE LAMPE EN MIROIR

Matériel :

- *pied de lampe en bois*
- *pince à tailler*
- *miroir fin*
- *colle polyvalente*
- *joint blanc*
- *spatule*
- *chiffon doux*
- *peinture acrylique blanche*
- *pinceau plat n°6*

1 Vous allez tout d'abord prédécouper une quantité suffisante de miroir pour couvrir la totalité du pied de la lampe. Avec la pince, taillez d'un coup sec le miroir en petits morceaux irréguliers. N'oubliez pas de porter des lunettes de protection et des gants de caoutchouc.

1

2 Vous pouvez maintenant coller les morceaux de miroir. Avec la colle polyvalente, mettez les morceaux en place. Ils doivent être le plus près possible les uns des autres de manière à bien recouvrir le pied de la lampe. Laissez sécher 12 heures.

2

3 Vous pouvez à présent réaliser le joint. Préparez un demi-bol de joint blanc en suivant le mode d'emploi indiqué sur l'emballage. Étalez-le avec la spatule sur le pied de la lampe. Avec le doigt, faites-le bien pénétrer dans tous les interstices. Laissez sécher 20 minutes puis enlevez l'excédent avec un chiffon doux et humide.

4 Finissez en peignant en blanc les arêtes et les côtés du socle qui ne sont pas recouverts de mosaïque.

4

3

Miroir multicolore

Matériel :

- *carré de contreplaqué marine de 40 x 40 cm (percé d'un trou pour l'attache)*
- *crayon HB*
- *règle*
- *ciment-colle*
- *spatule*
- *miroir de 20 x 20 cm*
- *attache parisienne*
- *pince à tailler*
- *fragments de miroir, d'assiettes de différentes couleurs et de carreaux de faïence*
- *joint de couleur ardoise*
- *chiffon doux*

1 Vous allez d'abord préparer le support de la mosaïque et coller le miroir en place.
Tracez sur le carré de contreplaqué une bordure de 10 cm de large qui délimite l'emplacement du miroir. Préparez un demi-bol de ciment-colle en suivant le mode d'emploi indiqué sur l'emballage et étalez-le avec la spatule à l'emplacement du miroir. Posez le miroir et appuyez. Prenez l'attache parisienne et fixez-la au dos du contreplaqué dans le trou préalablement percé à cet effet.
Tracez sur le cadre cinq cercles qui détermineront l'emplacement des motifs de corolles bleues.

1

2 Vous pouvez maintenant prédécouper les matériaux choisis pour la mosaïque.
Avec la pince, taillez d'un coup sec les fragments d'assiettes, de carreaux et de miroir, de façon irrégulière.

2

3 Tout est prêt pour coller les morceaux de mosaïque sur le support. Préparez à nouveau du ciment-colle. Avec la spatule, étalez-en une couche d'environ 3 mm d'épaisseur sur une partie du cadre. Placez les différents morceaux en commençant par les cinq motifs de corolle bleue. Emboîtez bien les pièces en les retaillant si nécessaire. Répartissez les couleurs et les morceaux de miroir.
Laissez sécher 12 heures minimum puis réalisez le joint (voir étape 3, page 13).

3

LE JOINT COLORÉ

ASSIETTE INCRUSTÉE DE BILLES

Matériel :

- *assiette*
- *pince à tailler*
- *carreaux de faïence blancs et oranges*
- *feutre*
- *colle polyvalente*
- *billes vertes*
- *pigment jaune*
- *joint blanc*
- *spatule*

Vous allez réaliser cette assiette selon la même méthode que les objets précédents mais avec un joint coloré. Vous obtiendrez ainsi un bel effet décoratif.

1 Commencez par rassembler les éléments de la mosaïque. Avec la pince, taillez les carreaux de faïence en barrettes, rectangles et petits morceaux irréguliers. Sur l'assiette blanche, tracez au feutre le motif central. Disposez les carreaux découpés et les billes autour de l'assiette.
Avec la colle polyvalente, collez les billes en place une à une puis les morceaux de carreaux.
Laissez sécher 12 heures.

2 Vous pouvez à présent préparer le joint coloré. Dans un bol, mélangez une cuillère à café de pigment jaune à la poudre de joint blanche avant d'ajouter l'eau suivant les proportions indiquées sur l'emballage. Écrasez ce mélange à la fourchette afin de le rendre bien homogène.

3 Étalez le joint avec une spatule. Prenez soin de bien remplir tous les interstices. Attendez 20 minutes.

4 Enlevez l'excédent de joint en lissant soigneusement à la main. Laissez sécher 12 heures. Votre assiette est terminée. Vous pouvez bien sûr l'accrocher au mur comme élément décoratif, mais aussi vous en servir pour présenter des aliments.

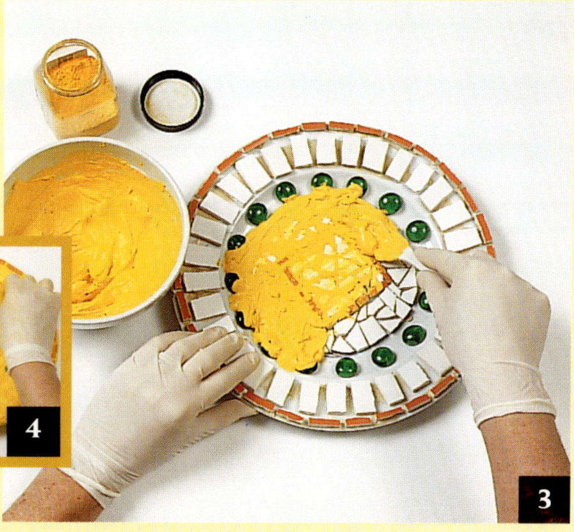

PHOTOPHORES

Matériel :

- *coupelles en terre ou porcelaine*
- *pince à tailler*
- *carreaux en grès cérame (type mosaïque romaine)*
- *papier kraft*
- *crayon blanc*
- *colle polyvalente*
- *pigments de différentes couleurs*
- *joint blanc*
- *spatule*
- *éponge*
- *acide chlorhydrique*
- *coton tige*

1 Commencez par préparer les éléments de la mosaïque. Avec la pince, taillez les petits carreaux en triangles ou carrés aussi réguliers et aussi petits que possible. Prenez une coupelle.
À 2 cm du bord de celle-ci, tracez au crayon blanc une ligne à l'aide d'un gabarit en papier. Cette ligne vous servira de repère pour coller les morceaux de la mosaïque.

2 Avec la colle polyvalente, collez chaque morceau en place un à un sur la bande de 2 cm de large, de façon à former un motif géométrique. Organisez ce motif de part et d'autre de la ligne tracée en juxtaposant ou en alternant les triangles et les carrés. Variez le motif sur chaque coupelle.
Laissez sécher 12 heures.

3 Vous pouvez à présent réaliser le joint coloré. Mélangez dans un bol une cuillère à café du pigment choisi à la poudre de joint blanche avant d'ajouter l'eau suivant les proportions indiquées sur l'emballage. Appliquez-le soigneusement avec la spatule.
Attendez 20 minutes.
Enlevez ensuite l'excédent en lissant à la main.
Laissez sécher 12 heures puis, nettoyez la mosaïque avec une éponge humide.
4 Pour finir, nettoyez les traces de joint qui subsistent sur les mosaïques avec un coton tige imbibé d'acide chlorhydrique.
Munissez-vous de gants de caoutchouc et manipulez l'acide chlorhydrique avec précaution.

BOÎTE À BIJOUX

Matériel :

- boîte en bois de 30 x 20 cm
- crayon HB
- règle
- pince à tailler
- fragments de miroir fin
- pinceau plat n°6
- pâtes de verre
  et carreaux de faïence de couleur
- colle vinylique à carrelage
- boutons, perles, cabochons, etc.
- colle polyvalente
- pigment orange
- joint blanc
- spatule
- acide chlorhydrique
- coton tige

1 Vous allez commencer cette mosaïque par les deux rectangles composés d'éclats de miroir.
Sur le couvercle de la boîte, tracez une bordure de 5 cm. Au milieu de cette bordure, tracez deux rectangles de 7,5 x 10 cm séparés par une bande de 5 cm de large.
Avec la pince, taillez d'un coup sec les fragments de miroir en morceaux irréguliers.
Puis à l'aide du pinceau, collez les morceaux de miroir un à un avec la colle vinylique. Remplissez ainsi les deux rectangles.

2 Continuez la mosaïque avec les différents matériaux choisis. Avec la pince, taillez les pâtes de verre et les morceaux de faïence en barrettes, triangles et carrés. Répartissez les boutons, les perles ainsi que les cabochons sur le couvercle de la boîte.
Avec la colle polyvalente, collez tous les matériaux en place au fur et à mesure, de façon à former un ensemble harmonieux.
Faites de même sur les parois extérieures de la boîte.
Laissez sécher 12 heures.

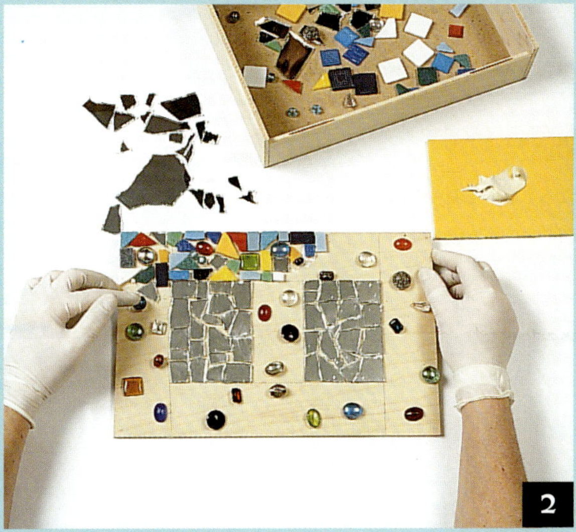

3 Il ne vous reste plus qu'à réaliser le joint coloré. Préparez-le en mélangeant dans un bol une cuillère à café de pigment orange à la poudre de joint blanche avant d'ajouter l'eau suivant les proportions indiquées sur l'emballage. Étalez soigneusement le joint sur toute la surface. Attendez 20 minutes.
Enlevez l'excédent de joint avec les doigts et lissez.
Laissez sécher 12 heures puis, nettoyez la boîte avec un coton tige imbibé d'acide chlorhydrique (voir étape 4, page 21).

ÉTAGÈRE FLEURIE

Matériel :

- *petite étagère en bois*
- *papier kraft*
- *crayon HB*
- *pince à tailler*
- *fragments de vieilles assiettes, carreaux de faïence jaunes*
- *colle polyvalente*
- *pigment bleu*
- *joint gris*
- *spatule*
- *peinture acrylique*
- *pinceau plat n°6*

1 Vous allez commencer par préparer les différents éléments de la mosaïque. Sur un papier kraft, tracez le patron du dos, de la base et du bord de l'étagère. Avec la pince, coupez les assiettes et les carreaux en morceaux irréguliers.
Posez les morceaux sur le gabarit en les retaillant à la pince si nécessaire pour qu'ils se juxtaposent mieux. Choisissez un morceau avec un motif décoratif : une fleur par exemple.
Centrez ce morceau sur le dos de l'étagère.

2 Votre mosaïque est prête à être collée.
Reportez les morceaux multicolores un à un sur le dos et le bord de l'étagère, puis collez-les en place avec la colle polyvalente. Sur la base, collez les morceaux de faïence jaune. Laissez sécher 12 heures.

3 Vous pouvez maintenant réaliser le joint coloré.
Préparez-le en mélangeant dans un bol une cuillère à café de pigment bleu à la poudre de joint grise avant d'ajouter l'eau suivant les proportions indiquées sur l'emballage. Étalez-le généreusement avec la spatule sur la mosaïque.
Attendez 20 minutes. Enlevez l'excédent en lissant à la main. Laissez sécher 12 heures.

4 Finissez en peignant les parties de l'étagère qui ne sont pas recouvertes de mosaïque.
En séchant, le joint s'éclaircit, attendez donc qu'il soit bien sec pour choisir une peinture d'une même nuance de bleu.

LA MÉTHODE INDIRECTE

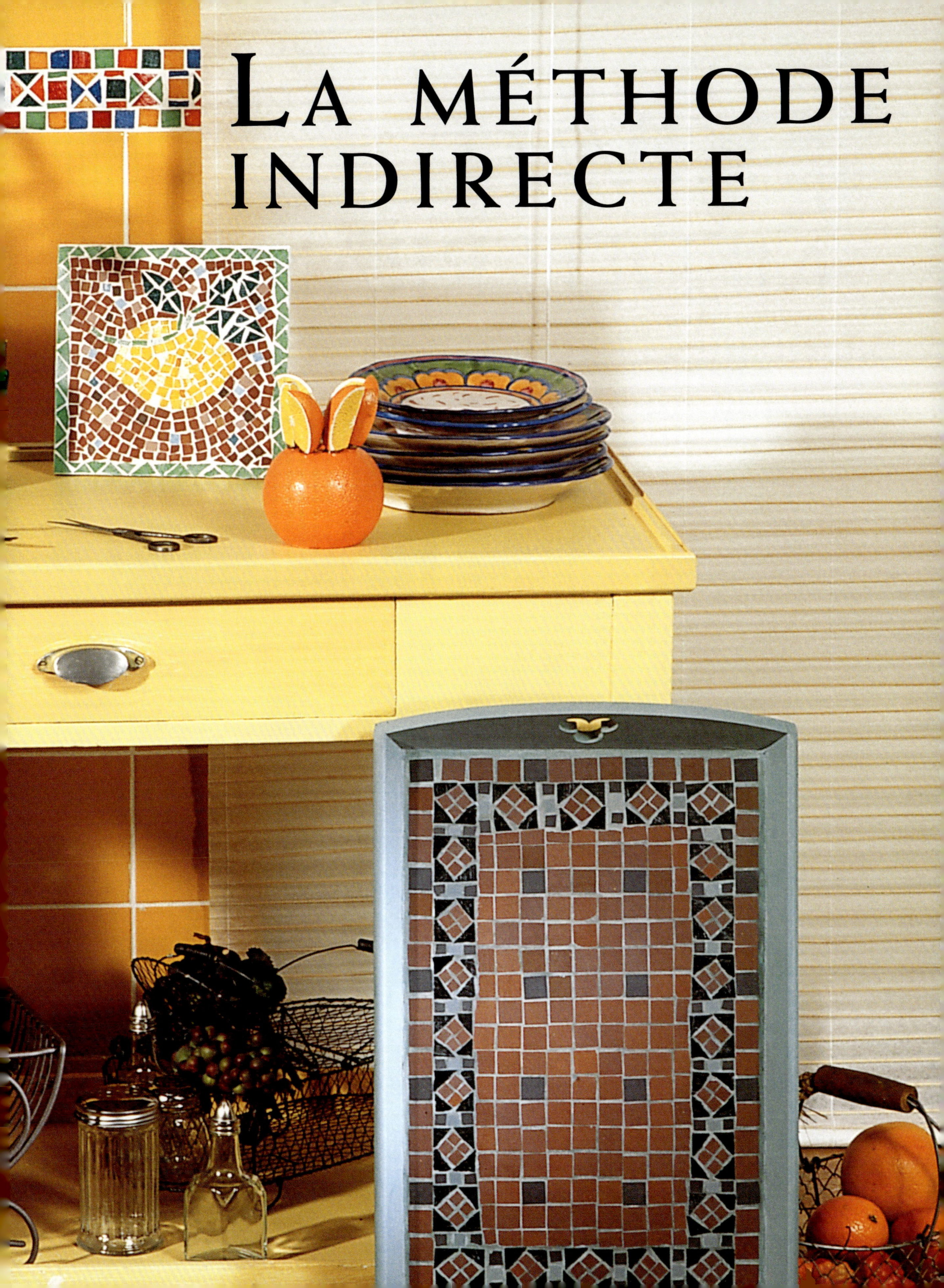

VASE MÉDITERRANÉEN

Matériel :

- *vase carré de 20 cm de haut*
- *papier kraft*
- *crayon HB*
- *règle*
- *pince à tailler*
- *pâtes de verre bleues, orange clair, orange vif, vert clair et rouges*
- *colle à papier peint*
- *pinceau plat n°4*
- *ciment-colle blanc*
- *spatule*
- *éponge*
- *joint blanc*
- *chiffon doux*

Une mosaïque effectuée selon la méthode indirecte, comme ce vase et les trois réalisations suivantes, présente une surface complètement lisse. Cette méthode offre aussi l'avantage de pouvoir réaliser une mosaïque en plusieurs temps.

1 Commencez par tracer les repères du décor sur un gabarit de papier kraft.
Sur ce papier, reportez les quatre faces du vase et tracez à la règle les cinq lignes principales du motif : à 2, 6, 9, 12 et 17 cm du haut.

1

2 Avec la pince, taillez d'un coup sec les pâtes de verre en rectangles, triangles, carrés et barrettes puis préparez la colle à papier peint en suivant le mode d'emploi indiqué sur l'emballage.
Étalez la colle au pinceau sur la face endroit de chaque morceau de mosaïque. Posez les morceaux en place sur le papier kraft en vous servant des lignes comme repères. Laissez sécher 12 heures.

3 Préparez ensuite un demi-bol de ciment-colle en suivant le mode d'emploi indiqué sur l'emballage. Avec la spatule, étalez-le sur un côté du vase et placez-y un panneau de kraft, en appliquant les carreaux contre la colle. Appuyez bien et laissez sécher 12 heures avant de passer au côté suivant.

2

3

4 Quand les quatre panneaux sont appliqués sur le vase et complètement secs, détrempez le papier kraft avec une éponge bien mouillée.

5 Une fois les panneaux détrempés, décollez-les en tirant doucement.

6 Pour finir, préparez un bol de joint blanc. Étalez-le avec la spatule sur chaque face du vase. Faites-le bien pénétrer dans les interstices avec le doigt. Laissez sécher 20 minutes puis enlevez le surplus avec un chiffon doux et humide.

4

5

6

Dessous de plat à motif de citron

Matériel :

- contreplaqué marine de 21 x 21 cm
- papier calque et crayon gras
- papier kraft et règle
- pince à tailler
- pâtes de verre vert clair, vert foncé, jaune clair, jaune foncé, oranges, bleu ciel
- carreaux en grès cérame (type mosaïque romaine) couleur terre plus ou moins foncé
- colle à papier peint
- pinceau plat n°6
- ciment-colle blanc
- spatule
- éponge
- joint blanc
- chiffon doux

1 Vous allez commencer par préparer le motif du décor. Décalquez le citron qui se trouve page 46 puis reportez-le sur un papier kraft de 21 x 21 cm.
À 1 cm du bord, tracez à la règle un trait tout autour du papier.

1

2 Avec la pince, taillez d'un coup secles pâtes de verre colorées en triangles, carrés et barrettes puis préparez la colle à papier peint en suivant le mode d'emploi indiqué sur l'emballage.
Étalez la colle au pinceau sur la face endroit de chaque morceau de mosaïque. Posez les morceaux en place sur le kraft pour former la bordure extérieure et le motif de citron.

2

3 Taillez maintenant les carreaux qui constitueront le fond et collez-les comme précédemment, en partant du motif pour aller vers l'extérieur.
Laissez sécher 12 heures.
Collez ensuite, avec le ciment-colle, le panneau de kraft sur la planche en appliquant les carreaux contre la colle (voir étape 3, page 29).
Pour finir, décollez le papier kraft, puis préparez et posez le joint (voir étapes 4, 5 et 6, page 29).

3

PLATEAU GÉOMÉTRIQUE

Matériel :

- *plateau en bois*
- *papier kraft et paire de ciseaux*
- *crayon HB et règle*
- *pâtes de verre noires*
- *carreaux en grès cérame (type mosaïque romaine) bleus, marron et noirs*
- *pince à tailler*
- *colle à papier peint*
- *pinceau plat n°6*
- *ciment-colle*
- *spatule crantée*
- *éponge*
- *joint gris*
- *pigment vert*
- *chiffon doux*
- *peinture acrylique*

1 Vous allez commencer cette mosaïque par la frise. Découpez un rectangle de papier kraft de la taille du fond du plateau et tracez tout autour, à 2,5 cm du bord, une ligne qui formera le contour extérieur de la frise.
Avec la pince, taillez les carreaux qui serviront pour la frise : les pâtes de verre noires en triangles et les carreaux marron et bleus en petits carrés.
À l'aide du pinceau, collez les morceaux de mosaïque sur le papier kraft avec la colle à papier peint. Les morceaux doivent être placés face endroit contre le papier kraft.

1

2 Finissez la mosaïque en remplissant le fond avec des carreaux non taillés marron et noirs que vous collerez comme les morceaux de la frise, la face endroit contre le papier kraft.

2

3 Vous pouvez maintenant coller le panneau de mosaïque sur le plateau.
Préparez un demi-bol de ciment-colle en suivant le mode d'emploi indiqué sur l'emballage. Avec la spatule crantée, étalez-le en couche assez fine sur le fond du plateau. Placez-y le panneau de kraft en appliquant les carreaux contre la colle, et laissez sécher 12 heures. Détrempez le papier kraft avec l'éponge et décollez-le doucement (voir étapes 4 et 5, page 29).
Ensuite préparez et posez le joint coloré puis finissez en peignant les parties du plateau qui ne seront pas recouvertes de mosaïque (voir étapes 3 et 4, page 25).

3

FRISE DÉCORATIVE

Matériel :

- *papier kraft*
- *paire de ciseaux*
- *crayon HB*
- *règle*
- *pince à tailler*
- *pâtes de verre jaunes, oranges, bleues, vert clair, vert foncé, rouges.*
- *colle à papier peint*
- *pinceau plat n°6*
- *ciment-colle*
- *spatule crantée*
- *éponge*
- *joint blanc*
- *chiffon doux*

1 Commencez par tracer les repères du décor sur un gabarit. Découpez une bande de papier kraft de 15 cm de large et de la longueur de la frise finie. (Vous pouvez coller plusieurs bandes de frise bout à bout, en tenant compte des raccords.) Tracez à la règle les repères du motif qui s'inscrit dans une bande de 8 cm de large divisée en trois bandes de 2, 4 et 2 cm.

1

2 Avec la pince, taillez une partie des pâtes de verre en triangles et barettes : elles rempliront la bande centrale de la frise. Gardez entières les pâtes de verre destinées à remplir les deux bandes latérales.

3 Préparez la colle à papier peint en suivant le mode d'emploi indiqué sur l'emballage. À l'aide du pinceau, collez les morceaux de mosaïque, la face endroit contre le papier. Commencez par les deux bordures de pâtes de verre non taillées en alternant les couleurs, puis organisez la bande centrale de la frise avec les morceaux taillés comme sur l'image ci-contre.

2

3

4 Vous allez à présent coller le panneau de mosaïque sur le mur où vous aurez au préalable tracé deux droites parallèles à 15 cm d'intervalle. Préparez un bol de ciment-colle en suivant le mode d'emploi indiqué sur l'emballage. Avec la spatule crantée, appliquez-le sur la bande délimitée sur le mur. Placez-y le panneau de kraft en appliquant les carreaux contre la colle. Appuyez bien et laissez sécher 12 heures.

5 Ensuite, détrempez le papier kraft avec une éponge bien mouillée, décollez-le doucement. Pour finir, préparez et posez le joint (voir étapes 4,5 et 6, page 29).

4

5

LA MÉTHODE AU FILET

Cadre à photo

Matériel :

- *cadre en bois*
- *feuille blanche, feutre noir et règle*
- *papier anti-adhésif et filet*
- *planchette en bois (aux dimensions du cadre)*
- *punaises*
- *pince à tailler*
- *carreaux en grès cérame (type mosaïque romaine) verts, noirs et roses*
- *pinceau plat n° 4*
- *colle vinylique à carrelage*
- *cutter*
- *ciment-colle*
- *spatule*
- *joint blanc*

Ce cadre est réalisé selon la méthode au filet. Cette méthode est intéressante pour des objets dont la surface n'est pas parfaitement plate. Elle permet en outre, comme la méthode indirecte, de réaliser une mosaïque en plusieurs temps.

1 Vous allez commencer par préparer le gabarit de la mosaïque. Posez le cadre sur une feuille blanche légèrement plus grande que lui. Tracez au feutre noir les lignes du contour extérieur et intérieur du cadre.

1

2 Retirez le cadre puis tracez à la règle sur la feuille blanche les repères du décor (voir photo ci-contre). Posez sur cette feuille le papier anti-adhésif et le filet. Fixez le tout sur une planchette avec des punaises.

3 Avec la pince, taillez les carreaux en petits rectangles et carrés. Puis, à l'aide du pinceau, collez-les un à un sur le filet avec la colle vinylique. Servez-vous des repères qui sont visibles en transparence. Laissez sécher 4 heures. Avec un cutter, coupez le filet au ras de la mosaïque.

2

3

4 Vous allez maintenant coller le filet sur le cadre. Préparez un demi-bol de ciment-colle en suivant le mode d'emploi indiqué sur l'emballage.
Avec la spatule, étalez sur le cadre une couche de ciment-colle d'environ 2 mm que vous strierez avec une fourchette. Placez soigneusement le filet sur la colle, appuyez bien et laissez sécher 12 heures. Pour finir, préparez et posez le joint (voir étape 6, page 29).

4

DÉCOR MURAL À LA ROMAINE

Matériel :

- contreplaqué marine de 50 x 55 x 2 cm
- feuille blanche et paire de ciseaux
- papier calque, crayon HB et feutre noir
- pince à tailler
- carreaux de mosaïque en grès cérame (type mosaïque romaine) blancs, vert foncé, bleu clair, bleu foncé.
- papier anti-adhésif et filet
- punaises
- pinceau plat n°4
- colle vinylique à carrelage
- ciment-colle
- spatule
- cutter
- colle polyvalente
- joint gris ardoise
- acide chlorhydrique
- chiffon doux

1 Vous allez commencer cette mosaïque par les motifs de branches. Découpez une feuille de papier de la taille du contreplaqué. Décalquez le motif de branches qui se trouve page 46 puis reportez-le sur la feuille blanche. Repassez le dessin au feutre noir.

1

2 Avec la pince, taillez les petits carreaux blancs de façon à leur donner la forme de tiges et de feuilles.

3 Posez sur le dessin de branches le papier anti-adhésif et le filet. Fixez le tout sur la planche avec des punaises (voir étape 2, page 39).
À l'aide du pinceau, collez sur le filet les barrettes en forme de tige et les morceaux en forme de feuille avec la colle vinylique. Suivez le dessin visible en transparence.

2

3

4 Poursuivez la mosaïque en collant une ligne de carreaux non taillés tout autour du panneau. Collez ensuite les carreaux verts et bleus en suivant le mouvement des branches. Taillez les carreaux aux endroits où les courbes se rencontrent. Répartissez les couleurs. Laissez sécher 12 heures. Avec un cutter, coupez le filet au ras de la mosaïque.
Collez le filet sur la planche avec le ciment-colle (voir étape 4, page 39).
Ensuite, collez sur l'épaisseur de la planche des carreaux non taillés avec la colle polyvalente.
Pour finir, préparez et posez le joint (voir étape 6, page 29) puis, avec un chiffon imbibé d'acide chlorhydrique, nettoyez les traces laissés par celui-ci.
Quand vous manipulez l'acide chlorhydrique, prenez les précautions d'usage indiquées sur le flacon.

4

JARDINIÈRE « FEUILLES DE LIERRE »

Matériel :

- *jardinière en métal*
- *règle, feuille blanche et feutre noir*
- *papier calque et crayon HB*
- *papier kraft et paire de ciseaux*
- *papier anti-adhésif et filet*
- *planchette en bois*
- *punaises*
- *pince à tailler*
- *carreaux de faïence bordeaux et jaunes*
- *pinceau plat n° 4*
- *colle vinylique à carrelage*
- *petits carreaux de mosaïque verts (micromosaïque)*
- *cutter*
- *ciment-colle*
- *spatule*
- *joint bleu-gris*

1 Commencez par préparer le motif du décor. Prenez les mesures des faces de la jardinière. Reportez-les au feutre noir sur une feuille blanche et dessinez des croisillons. Décalquez le motif de feuille qui se trouve page 46 puis reportez-le sur le papier kraft. Découpez-le. Enfin, reportez ce motif de feuille trois fois sur les grands côtés et une fois sur les petits. Posez sur le dessin le papier anti-adhésif, puis le filet. Fixez le tout sur une planchette avec des punaises (voir étape 2, page 39).

2 Avec la pince, taillez les morceaux de faïence bordeaux qui serviront pour les feuilles. À l'aide du pinceau, collez-les sur le filet avec la colle vinylique en suivant le dessin visible en transparence. Placez ensuite les petits carreaux verts pour former les croisillons. Finissez par les morceaux de faïence jaunes. Laissez sécher 12 heures. Avec un cutter, coupez le filet au ras de la mosaïque. Faites de même sur les trois autres côtés.

3 Vous pouvez à présent coller les filets sur la jardinière. Préparez un demi-bol de ciment-colle puis, avec la spatule, étalez-le en une couche régulière sur une face de la jardinière. Posez le filet correspondant en appuyant bien. Recommencez pour chaque face. Laissez sécher 12 heures puis préparez et posez le joint coloré (voir étape 3, page 23).

DESSUS DE TABLE AUX PAPILLONS

Matériel :

- *contreplaqué marine rond de 2 cm d'épaisseur et 60 cm de diamètre*
- *compas et mètre déroulable avec compas*
- *feutre noir*
- *colle polyvalente*
- *pâtes de verre blanches, bleu ciel, bleu-gris, grises*
- *papier anti-adhésif et filet*
- *punaises*
- *pince à tailler*
- *carreaux de faïence blancs fins*
- *colle vinylique à carrelage*
- *pinceau plat n° 4*
- *ciment-colle*
- *spatule*
- *joint noir*

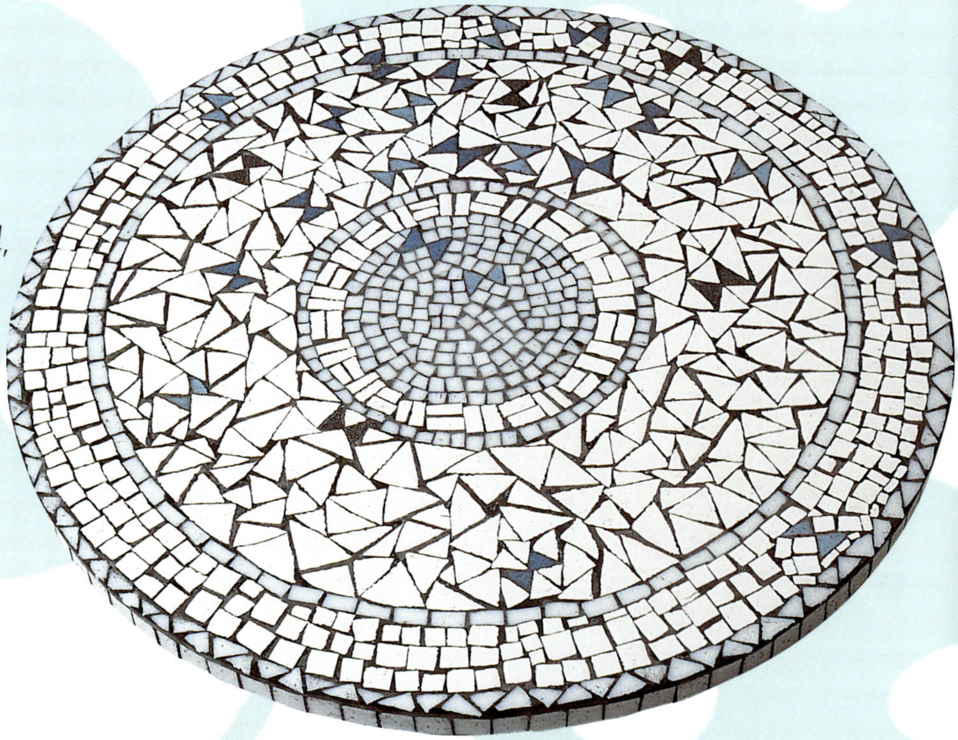

1 Commencez par préparer les repères du décor.
Sur le contreplaqué, tracez deux cercles :
avec le mètre-compas, un cercle de 24 cm de rayon ;
avec le compas, un autre de 10 cm de rayon.

1

2 Repassez les cercles au feutre noir.

3 Avec la colle polyvalente, collez sur l'épaisseur du plateau des pâtes de verre blanches entières.
Laissez sécher 4 heures.
Posez sur le plateau le papier anti-adhésif, puis le filet.
Fixez le tout avec des punaises.

3

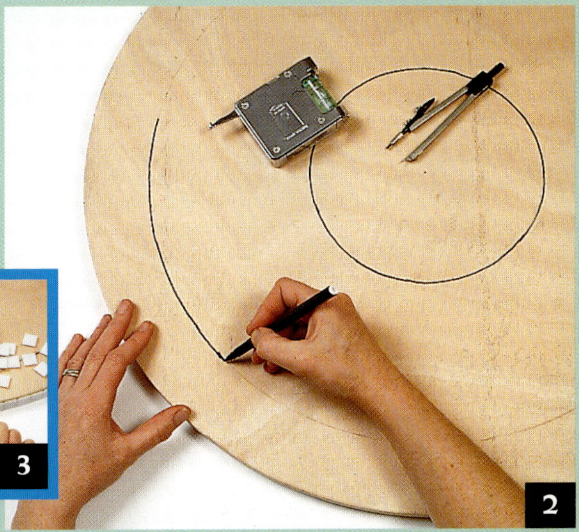
2

4 Avec la pince, taillez les pâtes de verre blanches en triangles, barettes et petits carrés, puis les pâtes de verre bleues et grises en triangles (pour faire les papillons), enfin les carreaux de faïence blancs également en triangles.
À l'aide du pinceau, collez tous ces morceaux sur le filet avec la colle vinylique. Commencez par les papillons et continuez avec les bordures.
Servez-vous des deux cercles visibles en transparence comme repères. Terminez le décor en remplissant les espaces vides. Collez le filet sur le plateau avec le ciment-colle (voir étape 4, page 39).
Laissez sécher 12 heures.
Pour finir, préparez et posez le joint (voir étape 6, page 29).

4

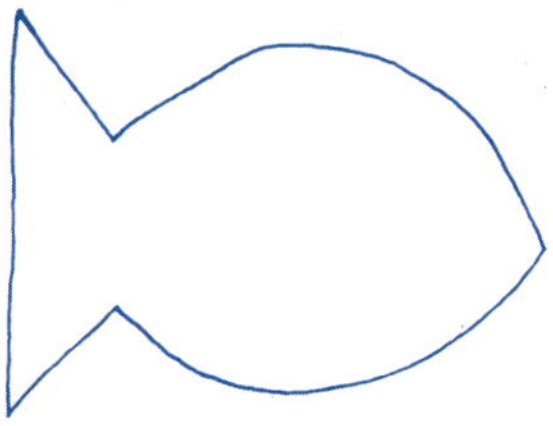

Porte-savon (page 8)

Dessous de plat (page 30)

Jardinière « feuilles de lierre » (page 42)

Décor mural à la romaine (page 40)